Lebens-N
„to

Alltags-Tipps für mehr Achtsamkeit

Sandra Varsani

NAVIGATION IST, WENN MAN TROTZDEM ANKOMMT

Die in diesem Buch vorgestellten Informationen und Empfehlungen sind nach bestem Wissen und Gewissen geprüft. Dennoch übernehmen die Autorin und der Verlag keinerlei Haftung für Schäden irgendwelcher Art, die sich direkt oder indirekt aus dem Gebrauch der hier beschriebenen Anwendungen und Vorschläge ergeben.

Bitte nehmen Sie im Zweifelsfall, bzw. bei ernsthaften Beschwerden, immer professionelle Hilfe und Therapie durch ärztliche oder psychologische Betreuung in Anspruch.

Copyright©2021 Sandra Varsani
Alle Rechte sind vorbehalten

Idee, Design und Layout: Sandra Varsani
Illustrationen: Martina Lavan

Lieber Kapitän,

die erste weltweite Pandemie mit Covid19/Corona hat hohe Wellen geschlagen und wir alle wurden mit Herausforderungen konfrontiert, die wir bisher in diesem Ausmaß nicht kannten.

Lockdown, Homeoffice und Homeschooling wurden Worte, bei denen wir innerlich allmählich anfingen zu schreien. Nicht nur wirtschaftlich, sondern vor allem im Privaten stiegen die Wellen der Sorgen immer mehr an.

Dieses Buch entstand inmitten dieses Wellenreitens – aber auch wenn wir hoffentlich alle diese Unruhen im Leben sicher überstehen, bzw. überstanden haben, so bleiben die Tipps und Übungen weiterhin gültig.

Das Leben ist wie das Meer ... ein ständiges Auf und Ab – Achtsamkeit im Alltag wird dadurch immer wichtig sein. Damit Du auch künftig besser durch Dein Leben navigierst, gibt Dir mein Ratgeber hoffentlich in vielen Lebensbereichen einen Kompass zur Hand, so dass Du Deine Richtung nicht so leicht verlieren kannst.

Finde Deine eigene Navigation und setz einen neuen Kurs!

Deine Sandra

Vorwort

WAS IST ACHTSAMKEIT UND WOZU IST SIE GUT?

„Verweile nicht in der Vergangenheit, träume nicht von der Zukunft. Konzentriere Dich auf den gegenwärtigen Moment."

Buddha

Achtsamkeit bedeutet, jeden Moment bewusst wahrnehmen.

„Der gegenwärtige Augenblick, das Jetzt, ist der einzige
Augenblick, in dem wir wirklich leben."

Jon Kabat-Zinn[1]

**Indem ich mich nur auf das, was gerade passiert
fokussiere, werde ich zugleich ruhiger.
Mein Geist und mein Körper entspannen sich.**

Achtsam zu sein ist eine effektive und leicht umsetzbare
Methode gegen Stress – so kann bei täglicher Anwendung
einer Lebenskrise vorgebeugt werden.

Achtsamkeit hilft in vielen Situationen und hat langfristig
positive Auswirkungen auf das Immunsystem und vor
allem auf die psychische Gesundheit.
Psychische Erkrankungen zählen in Deutschland
mittlerweile zu den vier wichtigsten Ursachen für den
Verlust gesunder Lebensjahre.

**Schon mit ein paar kleinen Veränderungen in Deinem
Leben kannst Du Dich besser fühlen und bist auf
Dauer den Anforderungen des Lebens mehr
gewachsen...**

---

[1] Jon Kabat-Zinn ist ein emeritierter Professor an der University of
Massachusetts Medical School. Er ist der Urheber jener Studien, die die
Achtsamkeit in der medizinischen und wissenschaftlichen Welt
systematisiert und bekannt gemacht haben

Wenn Du diese 3 Bilder betrachtest...welches passt am besten zu Deinem momentanen Inneren?

Wenn Du Dir immer wieder mehrere dieser Fragen stellst, dann ist es höchste Zeit, einer möglichen Lebenskrise vorzubeugen und achtsamer zu werden:

Fühle ich mich oft leer?

Bin ich oft antriebslos?

Fühle ich mich überfordert?

Wird mir oft alles zu viel?

Fühle ich mich ausgeliefert und hilflos?

Fange ich ohne erkennbaren Grund an zu weinen?

Habe ich Schlafstörungen über einen längeren Zeitraum?

Habe ich oft körperliche Beschwerden wie Hautausschlag,

Kopfschmerz, Ohrenbrausen, Magenprobleme …?

Bin ich ein Perfektionist?

Ist mein Tonfall immer wieder sehr fordernd?

Kann ich nicht gut Nein! sagen?

Mache ich ständig etwas für andere, aber selten etwas nur

für mich?

Überstunden sind schon „normal" für mich?

Mag ich bei schönem Wetter manchmal gar nicht raus?

Vernachlässige ich all das, was mir mal Spaß gemacht hat?

Ist das Treffen mit Freunden eher ein „Müssen", denn ein

„Können"?

Dein Mehrwert

- mehr innere Ruhe

- schnellere Entspannung

- mehr Energie

- mehr Lebensfreude

- der Selbstwert steigert sich; somit auch das

Selbstbewusstsein

- bessere Widerstandsfähigkeit in Krisenzeiten

- Stärkung des Immunsystems

- mehr Mitgefühl mit sich und anderen

- Verbesserung Deiner Work-Life-Balance

Was bedeutet es für Dich persönlich „achtsam im Leben zu sein"?

Welche Situationen fallen Dir ein, in denen Du besonders achtsam und fokussiert warst?

ACHTSAMKEIT UND GELASSENHEIT IM ALLTAG

„Jede Bewegung geschieht in einer Zeit und hat ein Ziel."

Aristoteles

Was kannst Du im Alltag verändern, damit es gar nicht erst zu einer Lebenskrise kommt?

Wie schaffst Du das - neben Beruf, Familie, Freunden…?

Woher sollst Du die Zeit nehmen?

Es geht nicht darum, gleich das ganze Leben umzukrempeln. Verändere in Deinem Alltag immer wieder kleine Dinge und werde mit der Zeit immer achtsamer und gelassener…und wieder offen für die großen Dinge im Leben.

Du segelst in der Regel auch nicht gleich allein über den Atlantik, sondern machst Dich mit der Navigation vertraut und übst immer wieder die Manöver…

Morgens

- investiere in einen Tageslicht-Wecker

...es ist ein sanftes Aufwachen

- stell Dir den Wecker 15 Minuten eher als bisher

...genieße dafür die Dusche ausgiebig und mit allen Sinnen

...oder mach eine kleine Achtsamkeitsübung

...oder mach den „Sonnengruß", wenn Dir Yoga Spaß macht

...oder geh eine schnelle Runde Joggen

- statt Dich zu ärgern, wenn Du auf etwas warten musst, beobachte Deine Umgebung

...vielleicht schenkt Dir jemand ein Lächeln?

Tee / Kaffee… oder?

- probier doch mal neue Tee-,/Kaffeesorten aus

- Du kannst auch ein neues „It"-Getränk versuchen -
vielleicht kreierst Du Dir ja was Eigenes?

- wenn Du frühstückst…genieße das duftende Brötchen;
den fruchtigen Geschmack des Obstes

- setz Dich auf den Balkon, oder öffne ein Fenster und
schließ die Augen…

…was riechst Du?

…was hörst Du?

Badezimmer

- klebe kleine Zettel an den Spiegel:
„Ich darf das!"; „Ich bin gut so, wie ich bin!"; „Ich bin
mutig!"
…überlege Dir etwas, dass Dich anspricht

- schenk Deinem Spiegelbild jeden Tag ein Lächeln

- putz Dir die Zähne mal mit der anderen Hand und stell
Dich dabei auf ein Bein

- stell die Waage weg … Du bist gut so, wie Du bist!
Wenn Du eine Veränderung möchtest, dann wirst Du sie
auch ohne Druck erreichen

Beruf

- leg Dir die Kleidung schon am Vortag zurecht

..spart Zeit und Nerven

- fahr doch mal einen anderen Weg zur Arbeit, oder nimm

das Fahrrad

…es gibt sicher viel Neues auf dem Weg entdecken

- geh in der Mittagspause spazieren

…tanke Licht!

- erledige Aufgaben und eMails nach Priorität

…gewinne so mehr Übersicht und Freiraum

Familie

- erstelle einen Wochenplan, in dem alle Pflichttermine festgehalten werden

PLANE

…gemeinsame Familienzeit (Spieleabend; gemeinsam Kochen; Ausflug…), denkt euch als Familie gemeinsam Spiele aus (Minigolf in der Whg. mit Kochlöffeln…)

U N D

…Zeiten, die nur Dir gehören

U N D

…vielleicht planst Du Date-Nights mit Deinem Partner?

Freundschaft

- Freunde

…wer gibt Dir Energie und wer nimmt sie?

- Freizeit

…verbringe sie mit Menschen die Dir guttun

- Ehrlichkeit

…sei ehrlich zu Dir selbst und Deinen Freunden, wenn
Du mal keine Lust hast

- Gefühle

…sprich mit Deinen Freunden über Deine Sorgen und
Ängste

<u>Du bist nicht allein!</u>

Hobby / Sport

Finde etwas, dass Dir Spaß macht und Dir gute Energie gibt...

...schon 30 Min. spazieren im Wald verbessert Deine Stimmung

...erlerne eine neue Sportart (Segeln; Boxen; Bogenschießen...)

...finde ein neues Hobby (Photographie; Töpfern; Stricken...)

...Du wolltest schon immer eine andere Sprache lernen?

...wie wäre es mit einem Kochkurs? Du gehst nicht nur kulinarisch auf Reisen, sondern lernst auch interessante Menschen kennen

ACHTSAMKEITSÜBUNGEN
(5-15 MINUTEN)

„Du kannst Dein Leben nicht verlängern noch verbreitern:
nur vertiefen, Freund."

Gorch Fock

Schon täglich 5 - 15 Minuten Achtsamkeitsübung reichen aus, damit Du auf Dauer wieder achtsamer und gelassener wirst...

Michelangelo soll einst gefragt worden sein, wie er einen Elefanten bildhauern würde. Er antwortete: „Ich würde einen großen Stein nehmen und alles, was nicht Elefant ist, davon wegnehmen".

Werde achtsamer, indem Du Dich auf das, was Du gerade machst, fokussierst. Konzentriere Dich nur auf Deinen Elefanten .... nicht auf den Stein, der ihn umgibt.

Fang wieder an, bewusster zu Atmen, denn in stressigen Phasen neigen wir zur Kurzatmigkeit. Werde mit den folgenden Übungen gleich ein bisschen ruhiger...

Atme

Setz Dich in einer ruhigen Umgebung so, dass es für Dich
bequem ist

… schließe Deine Augen

… versuche, Dich nur auf Deinen Atem zu konzentrieren
… es ist dabei nicht wichtig, wie Du atmest

…andere Gedanken werden Dir dabei durch den Kopf
gehen … lass sie zu, aber wieder los und konzentriere
Dich wieder auf Deine Atmung

… versuche dies etwa 10 Minuten…
Du wirst spüren, wie Du Dich allmählich entspannst und
ruhiger wirst

… wenn Du nach einiger Zeit soweit bist, komm langsam
in das „Hier-und-Jetzt" zurück

… öffne die Augen und verweile so noch einen
Moment…

Unruhe, Nervosität und Angst

Setze oder stelle Dich in Deiner Umgebung so, dass es für Dich bequem ist und Du, wenn möglich, nicht gestört wirst

… schließe Deine Augen …

versuche, Dich nacheinander auf folgendes zu fokussieren:

- 5 Dinge, die Du gesehen hast

- 5 Dinge, die Du gehört hast

- 5 Dinge, die Du fühlen kannst

…Du wirst spüren, wie Du schnell ruhiger wirst…

wenn Du nach einiger Zeit soweit bist, komme langsam in das „Hier-und-Jetzt" zurück

… öffne die Augen und verweile so noch einen Moment…

Body Scan

Setze oder lege Dich in Deiner Umgebung so, dass es für
Dich bequem ist und Du nicht gestört wirst

… schließe Deine Augen und nimm wahr, wie sich Dein
Körper anfühlt und an welchen Stellen er den Stuhl/den
Boden/das Bett berührt

…. mach Dir auch bewusst, wie Du dabei atmest …

…geh jetzt in Gedanken alle Deine Körperteile durch,
ohne zu bewerten

… beginne bei dem kleinen Zeh Deines linken Fußes …
gehe jeden einzeln durch und „betrachte" ihn sozusagen
mit Deinem Inneren

… weiter zu Deiner Fußsohle…der Ferse…den Spann
…. den Knöchel

… vielleicht merkst Du ein Muskelzucken, oder es wird
an manchen Stellen wärmer

Geh in Deinem Kopf weiter Dein Bein hoch, über die
Wade, das Knie und weiter…

Lass Dir bewusst Zeit bei jeder Betrachtung …

wenn Du soweit bist, geh genauso mit dem rechten Bein vor … vom rechten klein Zeh an, bis zu Deinem Oberschenkel

… nimm Dir nacheinander Zeit für jedes Körperteil … das Becken, der Bauch, die Brust, die Finger und Hände, die Arme, der Kopf, der Nacken, die Schultern, der Rücken

… spüre dabei immer, wie Dein Körper von Deinem Atmen durchdrungen wird

… beobachte, wie sich Deine Empfindung verändert …

lass alles in Dir noch ein wenig nachklingen …

wenn Du soweit bist, komme zurück ins „Hier-und-Jetzt" und öffne Deine Augen….

Wie Blätter im Fluss

Setze oder lege Dich in einer ruhigen Umgebung so, dass es für Dich bequem ist…

…schließe Deine Augen und lass alles auf Dich wirken….

Was spürst Du? Was passiert in Deinem Körper?

Versuche, Dich nur auf Deinen Atem zu konzentrieren … es ist dabei nicht wichtig, wie Du atmest …

stell Dir jetzt einen Fluss vor, an dem Du gerne sitzen möchtest …

Du hörst das beruhigende Geräusch des fließenden Wasser Gedanken werden Dir dabei durch den Kopf gehen … lass sie zu, aber wieder los und konzentriere Dich weiter auf Deine Atmung und den Fluss …

Du spürst, wie Du Dich allmählich immer mehr entspannst und Dein Atem ruhiger und tiefer wird

Ein großes Blatt fällt in den Fluss …

nimm eine Deiner Sorgen und setze sie auf dieses Blatt …

weitere Blätter fallen herab … setze eine Sorge nach der anderen auf eines dieser Blätter …

wenn keine Sorgen mehr übrig sind … sieh den Blättern dabei zu, wie Sie von der Strömung langsam weitergetrieben werden …

immer weiter weg von Dir …

sie werden immer kleiner … bis sie am Horizont verschwinden

Wenn Du nach einiger Zeit soweit bist … komme langsam in das „Hier-und-Jetzt" zurück

Du kannst die Augen öffnen, wenn Du magst, oder sie einfach geschlossen halten …

…genieße noch einen Moment die Ruhe und Entspanntheit, die jetzt in Deinem Körper ist…[2]

---

[2] Alois Burkhard-Achtsamkeit; bearbeitet von Juliane Stern „Blätter im Fluss"; Imagination S. 134 Stuttgart: Schattauer GmbH, 2020/2015

Barfuss

Zieh Dir zu Hause, oder bei warmem Wetter auf einer
Wiese, Socken und Schuhe aus …

setze Deine Füße mit etwas Abstand zueinander so auf
den Boden, dass Du einen festen Stand hast …

schließe Deine Augen und spüre in Dich hinein, wie es
sich anfühlt …

spüre, wie Du einen immer festeren Stand bekommst …
spüre die Kraft, die Dich mit dieser Erdung
durchströmt….

Vielleicht spürst Du kleine Muskelbewegungen …

konzentriere Dich ganz auf das Gefühl in Deinem Körper
und entspanne so nach und nach …

wenn Du nach einiger Zeit soweit bist; komme langsam in
das „Hier-und-Jetzt" zurück …

…öffne langsam Deine Augen und genieße noch einen
Moment die Ruhe und Entspanntheit…

Bett

Lass Deine Augen morgens, gleich nach dem Aufwachen

noch geschlossen

… stell Dir vor, wie Du dem Tag mit Gelassenheit

begegnest

… wie alles an Dir abfließt …

erspüre dieses Gefühl in Deinem Körper …

lass dieses Gefühl einige Zeit auf Dich wirken …

öffne dann langsam Deine Augen und begegne dem, was

heute kommt, mit mehr Gelassenheit

Wie eine Blume

Stell Dich in einer ruhigen Umgebung so, dass es für Dich
bequem ist

… lass Deine Arme locker herabhängen …

schließe Deine Augen und lass alles auf Dich wirken …

versuche, Dich nur auf Deinen Atem zu konzentrieren …
es ist dabei nicht wichtig, wie Du atmest …

spüre, wie Du Kraft aus der Festigkeit des Bodens durch
Deinen Körper ziehst …

Deine Beine … Deine Körpermitte ... die Schultern ... der
Kopf

Was spürst Du? Was passiert in Deinem Körper?

Jetzt hebe Deine Arme mit den Handflächen nach oben,
langsam aufwärts …

strecke Deine Arme immer weiter nach oben und lege
Deinen Kopf dabei leicht in den Nacken …

streck Dich wie eine offene Blume der Sonne entgegen
und verweile so einen Augenblick …

wenn Du soweit bist; komme langsam wieder zurück in
das" Hier-und-Jetzt" und öffne Deine Augen

Gedankenkarussel

Setze oder lege Dich in einer ruhigen Umgebung so, dass es für Dich bequem ist

…schließe Deine Augen und lass alles auf Dich wirken….

Was spürst Du? Was passiert in Deinem Körper?

Versuche, Dich nur auf Deinen Atem zu konzentrieren … es ist dabei nicht wichtig, wie Du atmest

Stell Dir jetzt Deinen Kopf als ein leeres Zimmer vor, mit 2 Türen rechts und links …

öffne die eine Türe und lasse den ersten Gedanken hinein … betrachte ihn ohne zu bewerten …

…und lasse ihn durch die andere Türe wieder hinaus…

Mach dies mit all den Gedanken, die im Moment gerade da sind und lasse sie nach und nach los…

Geräusche

Setze oder lege Dich in einer ruhigen Umgebung so, dass
es für Dich bequem ist …

schließe Deine Augen und lass alles auf Dich wirken….

Welche Geräusche hörst Du? Gibt es eines, dass
vorherrscht?
Wie hörst Du es – ist es vielleicht in Deinem Inneren?

Konzentriere Dich ganz auf dieses Geräusch …

versuche alle Umgebungsgeräusche auszublenden …

je mehr Du Dich darauf fokussierst, wird es nach und nach
leiser …

bis Du es nicht mehr hören kannst …

genieße die Ruhe, die jetzt in Deinem Körper herrscht …

wenn Du soweit bist, komme wieder zurück ins „Hier und
Jetzt" und öffne Deine Augen …

Klopfen

Setze oder stell Dich in einer ruhigen Umgebung so, dass
es für Dich bequem ist …

schließ Deine Augen und versuche, Dich nur auf Deinen
Atem zu konzentrieren …
es ist nicht wichtig, wie Du atmest

… Gedanken werden Dir durch den Kopf gehen …

lass sie zu, aber wieder los und konzentriere Dich weiter
auf Deine Atmung …

jetzt klopfe mit der flachen Hand leicht und in
gleichmäßigem Rhythmus auf den oberen Teil Deines
Brustbeins, unterhalb des Halses …

atme dabei ruhig weiter ein und aus …

mach dies ein paar Minuten lang …

Du spürst, wie Du Dich entspannst und ruhiger wirst …

atme tief ein und aus …

wenn Du nach einiger Zeit soweit bist, komme langsam in
das Hier-und-Jetzt zurück …

öffne die Augen und verweile so noch einen Moment

SELBSTBEWUSSTSEIN UND
SELBSTWERT STEIGERN

„Bedenke stets, dass alles vergänglich ist; dann wirst du im Glück nicht zu fröhlich und im Leid nicht zu traurig sein."

Sokrates

Der Unterschied

Was bedeutet es, selbstbewusst zu sein?

Was bedeutet es, ein gutes Selbstwertgefühl zu haben?

Selbstbewusstsein bedeutet, sich selbst gut zu kennen. Sich selbst, seiner Stärken und Fähigkeiten, aber auch den eigenen Macken, bewusst zu sein.

Selbstwert bedeutet die grundlegende Einstellung zu mir selbst. Was bin ich mir wert? Niemand ist perfekt – jedoch hat jeder von uns wertvolle Eigenschaften und Qualitäten.

Ein gesundes Selbstbewusstsein steigern Deinen Selbstwert und Dein Selbstvertrauen!

Trau Dich!

Manchen Menschen scheinen Niederlagen oder
Rückschläge nicht viel auszumachen. Der Grund dafür ist
meistens ein gesunder Selbstwert und ein gutes
Selbstbewusstsein.

**Wer „bei sich ist", der kann auf sich und seine
Stärken vertrauen.**

Wenn Du Deinen eigenen Selbstwert und Dein
Selbstbewusstsein gerne verbessern möchtest, dann
können Dir die folgenden Sätze eine Anregung sein und
Dich unterstützen.

Du kannst sie auf ein Blatt (oder z. B. Farbkarton) notieren
– hänge es in Augenhöhe an einem Ort auf, an dem Du
mehrmals täglich vorbeigehst …

Stell Dich Deinen Ängsten und überwinde sie

Erlaube Dir Fehler zu machen - **verzeih Dir!**

Fühl Dich wohl!

Lach öfter auch über Dich selbst

Mach Dir Komplimente

Nimm Komplimente an – ohne Bewertung, oder ein

„aber"

Steh zu Deinen Erwartungen und Wünschen

Hör auf Dich mit anderen zu vergleichen

Verbessere Deine **Körperhaltung**: Kopf hoch; Schultern

zurück und Brust raus!

Nimm Kritik nicht persönlich

Umgib Dich mit **Menschen**, die Dir **Energie** geben

Feier Deine Erfolge, egal ob groß/klein (z. B.

Erfolgstagebuch)

Beende jeden Tag mit mind. 3 **positiven Erlebnissen**, die

Du Dir am besten notierst

Siegerpose

Stell Dich morgens für 2 Min. breitbeinig hin und strecke
Deine Arme mit geöffneten Händen weit nach oben

… am besten ist es, wenn Du dabei lächelst

Lächeln

Lächle mehrmals am Tag für 1 Minute – es ist dabei egal,
ob es ein echtes Lächeln ist

…das Gehirn wird dadurch nach und nach ausgetrickst
und suggeriert uns, dass es uns gut geht

Zettel

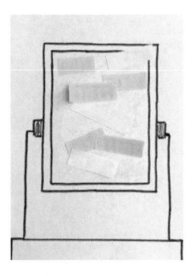

Apropos „Gehirn austricksen"-Du kannst Dir an Spiegel
oder an den Laptop kleine Zettel mit positiven
Botschaften hängen, wie zum Beispiel:
„Ich bin gut so, wie ich bin!", oder „Ich schaffe das!"

… so wird es nicht nur Dein Auge, sondern auch Dein
Unterbewusstsein immer im Blick haben

Moodboard

Erstelle Dir Deine visuelle Zielsetzung.

Was willst Du erreichen - was ist Dir wirklich wichtig im Leben?

… gestalte Dein eigenes Moodboard mit Bildern, Materialien oder Sätzen

„Ich kann/ich bin/ich habe…"

Schreibe Dir auf einem großen Zettel auf, was Deine
Stärken sind und was Dir an Dir gefällt

…Du wirst sehen – es kommt immer wieder mehr hinzu

Entrümpeln

Nimm Dir nach und nach Ecken in Deiner Wohnung vor,
die Du entrümpelst.

Du kannst vieles verkaufen, oder verschenken

…Du wirst Dich nach und nach befreiter fühlen

Schrei

... ein paar Mal aus Deinem tiefsten Inneren

(z. B. alleine im Auto, oder in ein Kissen - oder an einem
einsamen Ort, wo Dich niemand sieht und hört...)

Tanzen

Zu Hause sieht Dich keiner

… setz Dir Kopfhörer auf mit Power-Musik und tanze
mal so richtig drauf los

Malen

Kauf Dir günstig ein paar Leinwände und Farbe und geh z. B. in die Natur

… „pfeffere" die Farbe auf die Leinwände.

Kunst liegt immer im Auge des Betrachters!

Freude

Nimm Dir abends die Zeit und notiere Dir 3 - 5
Erlebnisse:

Was war schön heute und was hat Dir Freude bereitet?

… so schließt Du den Tag mit etwas Positivem ab

Feuer/Erde

Schreibe Sorgen, Ängste und Gedanken auf einen Zettel.

Verbrenne sie in einer sicheren Feuerstelle, oder begrabe
sie in der Erde

…lass sie einfach los

Vielleicht fällt Dir noch mehr ein…

_____

_____

_____

_____

_____

_____

_____

_____

_____

_____

_____

_____

_____

_____

_____

_____

_____

_____

_____

_____

_____

_____

SITUATIONSANALYSE

„Was wäre das Leben, hätten wir nicht den Mut, etwas zu riskieren?"

Vincent van Gogh

Manchmal haben wir das Gefühl, dass alles über uns hereinbricht. Wir können nichts richtig machen und haben den Eindruck, dass alle anderen besser durchs Leben kommen und erfolgreicher sind.

Alles geht schief…

Wirklich alles – alle – immer - jeder???

Eine Situationsanalyse macht Dir bewusst, was gerade konkret vorgeht und was Du tatsächlich beeinflussen kannst.

Wenn Du erkennst, woran Du festhältst, kannst Du aufhören dagegen anzukämpfen und beginnen „loszulassen"…

Du hast es in der Hand

Situation:

- was, oder wer genau ärgert Dich gerade?

- was genau läuft gerade nicht so richtig?

- warum genau?

- welches Gefühl herrscht gerade in Dir vor?

Strategie:

- was und wie genau kannst Du selbst beeinflussen oder verändern?

- gab es schon einmal eine ähnliche Situation? Wie hast Du sie gelöst?

Motivation:

- Kreiere Deinen eigenen Schlachtruf! z. B. „Ich schaffe das!" oder „Scheiß drauf!"…

LOSLASSEN

Den Tipp „man soll doch mal loslassen" oder „es nicht zu nah rankommen lassen", den bekommt man von anderen häufig … das hätte man ja schon längst gerne getan, wenn man wüsste, wie es zu bewerkstelligen ist.

Keine Sorge – die gute Nachricht ist, dass man es lernen kann …
… der kleine Haken daran ist: es wird einige Zeit dauern, bis sich Gewohnheiten oder ein anderes Verhalten verinnerlicht haben.

Im Durchschnitt sind es 66 Tage …

Hab bitte nicht gleich Panik!!! Dem Gehirn fällt es nun mal nicht so leicht von Routinen abzuweichen.

Probier mal als kleines Beispiel folgendes aus:

Verschränke die Finger ineinander – und jetzt tausche die Position der Daumen

… fühlt sich komisch an, oder?

Es gibt 3 Gründe, warum Du Dich nicht entmutigen lassen solltest:

1. Du brauchst Dich nicht schlecht zu fühlen, wenn Du mehrere Wochen versuchst Veränderungen zu erreichen, es aber nicht sofort zur Gewohnheit wird…verurteile Dich nicht – alles braucht seine Zeit!

2. Du musst nicht perfekt sein! Fehler gehören zum Prozess. Gib Dir die Erlaubnis, sie zu machen. Entwickle Strategien, um weiter dran zu bleiben (z. B. beziehe Freunde/Familie mit ein; Erinnerungen im Handy…)

3. Plane längerfristig! Gewohnheiten zu verändern braucht wie gesagt, seine Zeit. Dies zu akzeptieren, macht es Dir einfacher Deine Erwartungen zu managen…erkenne auch kleine Veränderungen an!

Welche Gewohnheiten möchtest Du verändern?

Was könnte Dir helfen, dies langfristig umzusetzen?

_____

_____

_____

_____

_____

_____

_____

_____

_____

_____

_____

_____

_____

_____

_____

_____

_____

WIE FINDE ICH MEINE EIGENE LEBENS-NAVIGATION?

„Du kannst die Wellen nicht anhalten, aber Du kannst lernen, auf ihnen zu reiten."

Joseph Goldstein

Dir ist jetzt bewusst, dass Achtsamkeit ein wichtiger Bestandteil Deines Lebens ist und Du setzt bereits einiges im Alltag um…

Wo aber soll die Reise hinführen?

Was ist in Deinem Leben noch alles möglich?

Stelle Dir die folgenden Fragen und beantworte sie ehrlich.

Du wirst sehen, dass zu Deinen Antworten mit der Zeit immer wieder etwas dazukommt, oder sich verändert…aber auch vieles wirst Du streichen können, weil Du es bereits erreicht hast.

Diese Fragen sollen Dich dabei unterstützen auch achtsamer Deinem Innersten gegenüber zu werden, um das Leben führen zu können, dass Du Dir wünschst.

LEBENSFRAGEN

- was in meinem Leben ist mir WIRKLICH wichtig?

- was in meinem Leben möchte ich UNBEDINGT erleben?

- was würde ich im Alter bereuen, hätte ich es nicht GETAN?

- welche Menschen sind wirklich wichtig in meinem Leben und geben mir positive ENERGIE?

- was gibt mir NACHHALTIG Kraft und Motivation?

- was in meinem Leben kann ich VERÄNDERN, um zufriedener zu sein?

- bin ich GLÜCKLICH in meiner Beziehung/alleine?

- gibt es eine PASSION/LEIDENSCHAFT, der ich immer nachgehen wollte?

- bin ich glücklich im BERUF?

- auf was in meinem LEBEN kann ich verzichten?

- auf was will ich nicht verzichten?

Ziele

„Wir sind, was wir denken. Alles, was wir sind, entsteht aus unseren Gedanken. Mit unseren Gedanken formen wir die Welt."

Buddha

Wie finde ich heraus, welche Ziele ich im Leben
erreichen möchte?

Wenn ich es weiß – wie erreiche ich meine Ziele?

Woher weiß ich, dass es die richtige Richtung für
mich ist?

Ich wünschte, ich hätte eine Kristallkugel, mit der auch ich
immer genau weiß, was mich auf dem neuen, anderen Weg
erwartet.

Jeder Schritt in eine neue Richtung bedeutet
Bewegung und somit Veränderung.

Mit jeder Veränderung verändern wir uns auch
persönlich – wir wachsen an unseren Aufgaben
und Erfolgen.

Hier sind ein paar Methoden, die es Dir erleichtern
können, Deine Lebens-Ziele herauszufinden...

Walt-Disney-Methode

Die Walt-Disney-Methode (oder auch Walt-Disney Strategie) ist eine kreative Möglichkeit, wie Du in einer Art Rollenspiel etwas aus drei verschiedenen Blickwinkeln betrachten kannst.

Die Methode geht auf Robert B. Dilts zurück, der über Walt Disney (Filmproduzent) schrieb:

„… tatsächlich gab es drei Walts: den Träumer, den Realisten und den Miesepeter…"

" …there were actually three different Walts: the dreamer, the realist and the spoiler"

- Robert B. Dilts (1994) -

Keine Sorge – Du musst jetzt nicht einen Prinzen oder
Prinzessin spielen…aber Du kannst es natürlich…

Bei dieser Methode geht es darum, den Gedanken und
Träumen erst einmal völlig freien Lauf zu lassen, um sie
dabei mit allen Facetten zu betrachten.

**Ideen sind erst mal nur Ideen – sie sind weder gut,
noch schlecht.**

Viel Spaß!

Lege 3 verschieden-farbige Kissen auf den Boden. Lege fest, welches der Kissen folgende Eigenschaften darstellen soll:

Der Träumer

Der Realist

Der Kritiker

Setz Dich zuerst auf das „Träumer"-Kissen und stell Dir
vor, wie Dein Leben aussehen würde, wenn Du völlig frei
in allen Entscheidungen wärst – unabhängig von Geld,
oder anderen Einschränkungen

...was genau würdest Du machen wollen?

Schreib Dir alle Ideen urteilsfrei auf – ohne jegliche
Bewertung!

_____

_____

_____

_____

_____

_____

_____

_____

_____

_____

_____

_____

_____

_____

_____

_____

_____

Setz Dich als nächstes auf das „Realist"-Kissen und gehe pragmatisch und praktisch die einzelnen Möglichkeiten durch

…was genau wäre nötig, um das entsprechende Ziel zu erreichen?

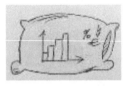

_____

_____

_____

_____

_____

_____

_____

_____

_____

_____

_____

_____

_____

_____

_____

Wenn Du alle Möglichkeiten auf dem Realisten-Kissen durchgegangen bist, setz Dich auf das „Kritiker-Kissen"

… jetzt geht es ans Eingemachte! Prüfe genau, ob die Möglichkeiten der Realität standhalten. Übe konstruktive Kritik – aber ohne die Idee an sich zu bewerten.

…wie machbar ist Dein Wunsch/Idee/Traum?

_____

_____

_____

_____

_____

_____

_____

_____

_____

_____

_____

_____

_____

_____

_____

_____

_____

Lebenstraum

Gib Dich ab und zu Deinen Lebensträumen hin

… wie genau sähe Dein Leben aus, wenn Du alles verwirklichen könntest und es dabei keinerlei Hindernisse gäbe?

Und jetzt stell Dir vor wie es ist, wenn Du Dein Ziel bereits erreicht hast

…was geht dabei in Dir vor?

…wie fühlt es sich an?

…was fühlst Du?

…wie verändert wärst Du selbst?

…wie genau hätte Dein Leben sich verändert?

Galerie

Stell Dir vor, Dein Leben wäre ausgestellt in einer Galerie

…welche Momente sind ausgestellt?

…welche Gefühle könnte man in Deinem Gesicht auf Fotos, Skulpturen oder Gemälden erkennen?

…welche Mitmenschen sind auf Deinen Ausstellungsobjekten zu sehen?

…mit wem oder was möchtest Du die Galerie weiter befüllen?

…was könnte künftig ausgestellt sein?

Bodenanker

Manchmal möchte man zu viel auf einmal und überfordert sich damit.

Finde für Dich heraus, welche Deiner Ziele oder Entscheidungen erst mal für Dich Priorität haben

Sogenannte „Bodenanker" können bei verschiedenen Optionen eine Entscheidungshilfe sein.

Halte für Dich schriftlich fest, wie sich die Gegenwart anfühlt und was in Dir passiert, wenn Du Dir Deine alternative Zukunft vorstellst...

Nimm Dir mehrere große Blätter und notiere Dir alle
Ziele, bzw. Optionen. Lege die Blätter neben- und
übereinander auf den Boden.

Stell Dich auf oder vor das erste Blatt (Ziel/Entscheidung)
und „höre" in Dich hinein

…was fühlst Du?

…ist es angenehm dort zu stehen?

…oder eher unangenehm?

Wiederhole die Übung mit jedem Ziel/Entscheidung und
„höre" dabei immer auf Dein Bauchgefühl

… sortiere danach alles aus, was sich in Deinem Inneren
nicht gut angefühlt hatte.

Die Ziele/Entscheidungen die übrigbleiben haben (in
diesem Moment) die meiste Bedeutung für Dich.

Bodenanker-Beispiel:

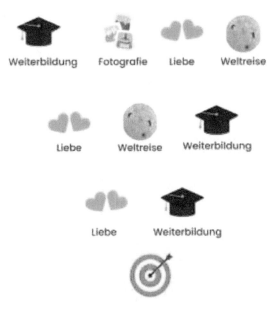

SMART

Von der Zielschärfungsmethode SMART hast Du im Laufe Deines Lebens sicher schon einmal gehört – sie ist eine gute Art, seine Ziele sachlich und pragmatisch zu definieren.

Sei flexibel! Eventuell wird sich das Ziel im Laufe der Zeit wandeln; Prioritäten können sich ändern ... Ziele können jederzeit verändert und angepasst werden!

S   selbst erreichbar und spezifisch
Formuliere das Ziel so, dass die gewünschte Veränderung
sich nur auf Dich selbst und Dein Verhalten bezieht –
Deine Wahrnehmung, Deine Emotionen…DU SELBST
musst die Veränderung bewirken können! Beschreibe das
Ziel bitte so konkret wie möglich: bildlich, emotional,
akustisch etc.

M   messbar
Suche nach konkreten und nachvollziehbaren Beweisen,
Verhaltensweisen oder Messwerten, mit deren Hilfe Du
am Ende der Übung überprüfen kannst, ob das Ziel
wirklich erreicht wurde

A   attraktiv und anziehend
Das Ziel, dass Du Dir setzt, muss gedanklich und
emotional attraktiv und anziehend für Dich sein –
überprüfe das in Deinen Gedanken, Deiner
Körpersprache, in inneren Bildern…es muss deutlich
werden, dass Du dieses Ziel erreichen möchtest

R   realistisch und vernünftig
Das Ziel soll durch Dich selbst erreichbar sein – es sollte
auch realistisch, vernünftig, weise, ethisch vertretbar und
umsetzbar sein – ist es das?

T   zeitlich gegliedert
Wann und wo genau wirst Du das Ziel erreicht haben?
Nenne einen konkreten Termin. Welche Zwischenschritte
solltest Du einplanen, damit aus dem „Berg" mehrere
kleine Hügel werden?

W O O P

Die von Dr. Gabriele Oettingen[3] entwickelte WOOP-Methode gilt als Formel zur Selbstmotivation.

Sie hilft Prioritäten zu setzen und Ziele (trotz Hürden…) zu erreichen.

---

[3] https://woopmylife.org/de/contact

W   Wish (Wunsch)
O   Outcome (Ergebnis)
O   Obstacle (Hindernis)
P   Plan

Such Dir einen Ort an dem Du ungestört bist.
Nimm Stift und Papier und stell Dir gedanklich die
folgenden Fragen ... nimm Dir ausreichend Zeit dafür:

Was ist Dein wichtigster Wunsch?
Male ihn Dir in Gedanken aus ...
Schreib Deinen Wunsch als konkretes Ziel auf

**Was ist das „Allerbeste" Ergebnis, wenn Du dieses
Ziel erreicht hast?**
Stell Dir vor, wie großartig Dein Leben wäre, wenn Du
dieses Ziel bereits erreicht hättest und halte es schriftlich
fest

Was hält Dich ab?
Sei ehrlich zu Dir selbst und finde heraus, ob Dich
etwas/jemand ausbremst, oder Du eher Ausreden
verwendest und notiere dies ebenfalls

Wie überwindest Du das Hindernis?
Was ist die allerbeste Möglichkeit, um das Hindernis zu
überwinden?
Überlege, was genau Du tun kannst ... vielleicht liegt es an
Deiner Einstellung ...

Rucksack

Wir alle wachsen auf mit bestimmten Glaubenssätzen, Überzeugungen und Ideen, die uns in das weitere Leben gehen lassen.

Dieser Rucksack, den wir durchs Leben tragen, füllt sich mehr und mehr, je älter wir werden.

Wenn wir erwachsen sind hindert uns so manches aus dem Rucksack daran, mit mehr Leichtigkeit durchs Leben zu gehen.

Die nächste Übung soll Dich dabei unterstützen zu hinterfragen, ob Du nicht einiges über Bord werfen kannst und Deinen Rucksack so verkleinerst.

Sie kann Dir dabei helfen, befreiter und beschwingt, statt gebeugt durchs Leben zu gehen.

Denke an alles, dass Dich blockiert und stresst; aber auch an das, was Dich antreibt - notiere Dir alle Gedanken auf verschiedene Zettel und fange an zu hinterfragen

…sind es Glaubenssätze oder Überzeugungen von Familienmitgliedern, die Du übernommen hast?

…haben diese überhaupt Gültigkeit für Dein eigenes Leben?

…stressen Dich die Meinungen/Ideen anderer?

…was kommt aus Deinem eigenen Inneren?

…was davon ist für Dich förderlich und treibt Dich an; was behindert Dich und bremst Dich in Deinem Leben aus?

Wenn Du denkst alles festgehalten zu haben, lege auf den
Boden vor Dich einen großen Rucksack oder Tasche und
lege alle Zettel drum herum…

Zusätzlich legst Du einen kleinen Rucksack oder eine
kleine Tasche vor Dich und stellst Dir folgende Fragen…

**- was ist stimmig für Dich und kann künftig für
Deinen weiteren Lebensweg im kleinen Rucksack
bleiben?**

- was kann alles weg?

- was darf Neues hinein?

- was tut Dir gut, gibt Dir Energie und treibt Dich an?

„Als ich mich selbst zu lieben begann…"

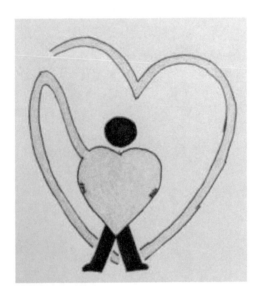

An seinem 70. Geburtstag trug Charlie Chaplin das folgende Gedicht vor - es ist jedoch umstritten, ob es tatsächlich von Charly Chaplin stammt.

Angeblich entstand der Originalvers kurz vor dem Tod der amerikanischen Autorin Kim McMillen. Das Buch mit dem Titel „When I Loved Myself Enough" wurde von ihrer Tochter Alison in englischer Sprache veröffentlicht.

Von wem es auch stammt … ich hoffe Du empfindest es, genau wie ich, als wunderschön und inspirierend …

„Als ich mich selbst zu lieben begann,
konnte ich erkennen, dass emotionaler Schmerz und Leid nur Warnungen für mich sind, gegen meine eigene Wahrheit zu leben.
Heute weiß ich: Das nennt man AUTHENTISCH SEIN.

Als ich mich selbst zu lieben begann,
verstand ich, wie sehr es jemanden beeinträchtigen kann, wenn ich versuche, diesem Menschen meine Wünsche aufzuzwingen,
auch wenn ich eigentlich weiß, dass der Zeitpunkt nicht stimmt
und dieser Mensch nicht dazu bereit ist – und das gilt auch,
wenn dieser Mensch ich selber bin.
Heute weiß ich: Das nennt man RESPEKT.

Als ich mich selbst zu lieben begann,
habe ich aufgehört, mich nach einem anderen Leben zu
sehnen
und konnte sehen, dass alles um mich herum
eine Aufforderung zum Wachsen war.
Heute weiß ich, das nennt man REIFE.

Als ich mich selbst zu lieben begann,
habe ich verstanden, dass ich immer und bei jeder
Gelegenheit,
zur richtigen Zeit am richtigen Ort bin
und dass alles, was geschieht, richtig ist –
von da an konnte ich gelassen sein.
Heute weiß ich: Das nennt man SELBSTVERTRAUEN.

Als ich mich selbst zu lieben begann,
habe ich aufgehört, mich meiner freien Zeit zu berauben,
und ich habe aufgehört, weiter grandiose Projekte für die
Zukunft zu entwerfen.
Heute mache ich nur das, was mir Spaß und Freude macht,
was ich liebe und was mein Herz zum Lachen bringt,
auf meine eigene Art und Weise und in meinem Tempo.
Heute weiß ich, das nennt man EINFACHHEIT.

Als ich mich selbst zu lieben begann,
habe ich mich von allem befreit, was nicht gesund für mich
war,
von Speisen, Menschen, Dingen, Situationen
und von Allem, das mich immer wieder hinunterzog, weg
von mir selbst.
Anfangs nannte ich das „Gesunden Egoismus",
aber heute weiß ich, das ist SELBSTLIEBE.

Als ich mich selbst zu lieben begann,
habe ich aufgehört, immer recht haben zu wollen,
so habe ich mich weniger geirrt.
Heute habe ich erkannt: das nennt man
BESCHEIDENHEIT.

Als ich mich selbst zu lieben begann,
habe ich mich geweigert, weiter in der Vergangenheit zu
leben
und mich um meine Zukunft zu sorgen.
Jetzt lebe ich nur noch in diesem Augenblick, wo ALLES
stattfindet,
so lebe ich heute jeden Tag und nenne es ERFÜLLUNG.

Als ich mich zu lieben begann,
da erkannte ich, dass mich mein Denken
armselig und krank machen kann.
Doch als ich es mit meinem Herzen verbunden hatte,
wurde mein Verstand ein wertvoller Verbündeter.
Diese Verbindung nenne ich heute WEISHEIT DES
HERZENS.

Wir brauchen uns nicht weiter vor Auseinandersetzungen,
Konflikten und Problemen mit uns selbst und anderen
fürchten,
denn sogar Sterne knallen manchmal aufeinander
und es entstehen neue Welten.
Heute weiß ich: **DAS IST DAS LEBEN !"**

Über die Geduld

Man muss den Dingen
die eigene, stille
ungestörte Entwicklung lassen,
die tief von innen kommt
und durch nichts gedrängt
oder beschleunigt werden kann,
alles ist austragen – und
dann gebären…
Reifen wie der Baum,
der seine Säfte nicht drängt
und getrost in den Stürmen des Frühlings steht,
ohne Angst,
dass dahinter kein Sommer
kommen könnte.
Er kommt doch!

Aber er kommt nur zu den Geduldigen,
die da sind, als ob die Ewigkeit
vor ihnen läge,
so sorglos, still und weit…
Man muss Geduld haben
Mit dem Ungelösten im Herzen,
und versuchen, die Fragen selber lieb zu haben,
wie verschlossene Stuben,
und wie Bücher, die in einer sehr fremden Sprache
geschrieben sind.
Es handelt sich darum, alles zu leben.
Wenn man die Fragen lebt, lebt man vielleicht allmählich,
ohne es zu merken,
eines fremden Tages
in die Antworten hinein.

- Rainer Maria Rilke -

Zum Schluss

…wenn Du einige der Anregungen, Tipps und Übungen in Deinen Alltag einbaust, wird nicht nur Dein Umfeld sich verändern und Dich anders wahrnehmen, sondern Du wirst für Dich selbst immer mehr feststellen, wie sich Dein Leben positiv verändern kann.

Hab keine Angst!

Es liegt an Dir, in Deinem Leben einen neuen Kurs zu setzen!

Deine Sandra

Danke!

Bei meinen Freunden und meiner Mama bedanke ich mich, dass sie auch in meinen dunkelsten Momenten immer zu mir und meinen Entscheidungen gestanden haben.

Euer Rückhalt ist mein Sicherheitsnetz, so dass ich mich trauen konnte zu springen…

Martina – zusätzlichen Dank für Deine Unterstützung und tollen Illustrationen!

Ein Dankeschön geht auch an Johannes Struller, der in mir vor Jahren bereits das sehen konnte, was erst noch wachsen durfte.

„Nicht die Glücklichen sind dankbar. Es sind die Dankbaren, die glücklich sind. „

Francis Bacon

Printed in Great Britain
by Amazon

71007852R00061